ジャムと料理とお菓子

中川たま

文化出版局

はじめに

小さな頃から甘みが強いジャムが苦手でした。
瓶に入った市販のジャムは、いつも、最後まで食べきれない。
そして私は自分で作るようになりました。

果物の甘さ、酸味、素材を生かしたジャム。
甘みと酸味のバランスがとれていて、それだけでも
スプーンですくって食べられるようなジャム。
果物をそのまま食べるより、フレッシュ感があるようなジャムが食べたいし、
作りたいと思います。そして、そのままではもちろん、
料理にも調味料として使えるような欲張りなジャムが理想です。

まずは、果物を知ること。
果物は、一つ一つ甘み、酸味のバランスが違いますし
はしりと終わりでも果肉のやわらかさなどがかなり違ってきます。
切ったひとかけらを食べて果物の味を確かめてから砂糖の量を決めてください。
また酸味も味の要です。酸味はジャムの味を引き締めてくれて
果物の甘みも引き立ててくれます。
果物によっては、少し「あれっ」という味のものもありますが
煮詰めて酸味を足してあげるとぐんとよくなります。
今回ご紹介するのは、甘みはほぼ20％以下に仕上げた
かなりフレッシュなジャムです。長期保存には向きません。
少量を作っておいしいうちに食べきります。

食材との組み合わせも、シンプルなジャムに
アクセントを加えてくれるのでぜひ取り入れてみてください。
季節の食材同士は相性がよく、ハーブやスパイスアルコールを
組み合わせるのも風味よく仕上がるのでおすすめです。
幾通りもの組み合わせが楽しめるジャムは無限大の可能性を秘めています。
ぜひ、旬の果物で作ってみてください。

中川たま

Contents

03 はじめに

SPRING / SUMMER

[春夏のジャム]

07.18 甘夏のビターマーマレード
07.19 いちごとバルサミコのジャム
07.20 いちごとオレンジとミントのジャム
08.20 青梅と実山椒のジャム
08.21 完熟梅とはちみつのジャム
08.21 びわとパッションフルーツのジャム
11.22 ラズベリーとルバーブ、アールグレイのジャム
11.22 ベイクドアプリコットジャム
11.23 ブルーベリーとシナモンと赤ワインビネガージャム
11.23 アメリカンチェリーとローズマリーのジャム
12.24 プラムと新しょうがのジャム
12.24 プラムと桃のジャム
12.25 桃とバジルのジャム
14.25 パイナップルとミントのジャム
14.26 和梨とすだちのジャム
14.26 マンゴーとライムのジャム
17.27 いちじくとラムのジャム
17.27 プルーンといちじくのジャム

[ジャムを使った料理とお菓子]

28.34 酢豚
29.34 蒸し鶏ときゅうりの梅山椒ソース
30.35 鶏肉の煮込み
31.35 焼肉のサルサ風ソース
32.36 2種の梅ジャムの春巻き
33.37 万願寺唐辛子のサルシッチャ
33.37 鶏肉と夏野菜のオーブン焼き
38.42 冷製トマトのカペッリーニ
39.42 マンゴードレッシングのセビーチェ
40.43 オープンサンド
 ブッラータ、生ハムとチェリー
 ビターマーマレードとベーコン
41.43 プラムと桃のジャムサンド
44.48 イートンメス
45.48 ジャムサンドスコーン
46.49 ビターマーマレードブランデーケーキ
47.49 レアチーズとレアチーズブリュレ
50.54 完熟梅のカモミールゼリー
51.54 いちじくのあんみつ
52.55 パイナップルとヨーグルトのシャーベット
53.55 和梨とすだちのゼリー

AUTUMN / WINTER

[秋冬のジャム]
57.62　洋梨とバニラのジャム
57.62　完熟柿とみかんのジャム
57.63　黒ぶどうのジャム
58.63　キウイと白ワインのジャム
58.64　ハニーアップルジャム
58.64　スパイスと赤ワインのアップルジャム
60.65　レモンマーマレード
60.66　柚子の生ジャム
60.66　金柑とルイボスティーのジャム

[ジャムを使った料理とお菓子]
67.74　帆立とかぶとクレソンのカルパッチョサラダ
68.75　ポークローストとジャムマスタード
69.75　レモンマーマレードのクリームパスタ
70.76　スペアリブの煮込み
71.76　魚のフライ　キウイのタルタルソース
72.77　ジャムトースト
　　　　　アップルバタートースト
　　　　　アップルカマンベールトースト
73.77　白みそ柚子餅
78.80　ジャムとラムレーズンバターのクレープ
79.81　グラスショートケーキ

82　ジャムで簡単おやつと飲み物

砂糖は、洗双糖を使用しています。
きび砂糖の一種で、色が鮮やかに仕上がります。
果物のフレッシュ感を楽しみたいので、砂糖の量は控えめ、
果物の重量の20％前後で作ります。そのため長期保存には向いていません。
きれいな保存瓶や保存袋に入れて数日から1週間ほどで食べきってください。

＊ 小さじ1は5mℓ、大さじ1は15mℓ、1カップは200mℓです。
＊ 火加減は特に指定がない場合は、中火です。
＊ オーブンの焼き時間や温度は機種によって多少異なります。
　　レシピを目安に、様子をみながら調整してください。

SPRING / SUMMER

春を告げる真っ赤ないちごを皮きりに、
たくさんの果物が旬を迎える季節です。
アメリカンチェリー、ブルーベリー、梅、プラム、マンゴー……
色鮮やかなジャム作りを楽しんで。

甘夏の
ビターマーマレード
p.18

いちごとバルサミコのジャム
p.19

いちごとオレンジと
ミントのジャム　p.20

青梅と実山椒のジャム
p.20

完熟梅とはちみつのジャム
p.21

びわとパッションフルーツの
ジャム　p.21

ラズベリーとルバーブ、
アールグレイのジャム
p.22

ベイクドアプリコット
ジャム p.22

ブルーベリーとシナモンと
赤ワインビネガージャム
p.23

アメリカンチェリーと
ローズマリーのジャム
p.23

プラムと新しょうがのジャム
p.24

プラムと桃のジャム
p.24

桃とバジルのジャム
p.25

パイナップルとミントのジャム
p.25

和梨とすだちのジャム
p.26

マンゴーとライムのジャム
p.26

いちじくとラムのジャム
p.27

プルーンといちじくのジャム
p.27

甘夏のビターマーマレード

外皮、薄皮、実、種もまるごと煮込むことで
香りも苦みも刺激的な味に。夏みかん、伊予柑、文旦、
河内晩柑、日向夏など、ほろ苦い柑橘がおすすめです。

材料 作りやすい分量（でき上がり量約400g）
甘夏 … 1個（正味約400g）
洗双糖 … 80g（甘夏の重量の20%）
レモン汁 … 大さじ2

1. 甘夏は縦に8等分に切り、さらに横に2等分にする。
2. 鍋に1とかぶる程度の水を入れ、中火にかける（a）。沸いたら火を少し弱め、皮がやわらかくなるまで20〜30分煮る。差し水をし、常に甘夏が水面から出ないようにする。
3. ざるにあけ、ゆで汁は取りおく。外皮と実を分け（b）、外皮は細切り（c）、薄皮と実は種を取りながら細かく刻む。種は捨てずにお茶パックやガーゼでくるむ（d）。
4. 鍋に外皮、実、薄皮、種、洗双糖の半量、ひたひた程度のゆで汁を入れ、中火にかける（e）。ゆで汁が足りない場合は、水を足す。3分ほど煮たら、残りの洗双糖、レモン汁を入れ、少しとろみがつくまで5〜10分煮詰める（f）。

いちごとバルサミコのジャム

食感を残して少量の砂糖でとろみが出るよう、
いちごを一度取り出してシロップを煮詰めます。

| 材料 | 作りやすい分量（でき上がり量約350g） |

いちご（へたを取る）… 正味500g
洗双糖 … 100g（いちごの重量の20％）
ホワイトバルサミコ酢（または好みのビネガー）
　… 大さじ1½

1. ボウルにすべての材料を入れ、よく混ぜ合わせてマリネする（a）。
2. 1の洗双糖が溶けて赤みが増し、つやが出てきたら、鍋に入れ、中火にかける。絶えずふつふつした火加減にし、あくを取りながら煮る（b）。
3. いちごに透明感が出て形がくずれる前に、あく取りなどでいちごを取り出す（c）。
4. 3のシロップを少しとろみがつくまで強火で煮詰めたら（d）、いちごを戻し入れ、さっと混ぜ合わせる（e）。

memo
ピンクラテ

いちごやアメリカンチェリー（p.23）を煮ているときに出るあくをすくって牛乳に加えれば、おいしいラテのでき上がり。炭酸水や抹茶に混ぜてもおいしい！

a　b　c　d　e

いちごとオレンジとミントのジャム

いちごにオレンジを加えることで水分と甘みをプラス。ミントの香りがアクセントに。
セミノールオレンジの代わりに
清見オレンジやオレンジでも。

|材料| 作りやすい分量（でき上がり量約480g）

いちご（へたを取り、大きい場合は1/4に切る）… 正味300g
セミノールオレンジ… 1個（300g）
A ┌ 洗双糖 … 120g（果物の重量の20%）
　└ レモン汁 … 大さじ1½
ミントの葉（ちぎる）… 8枚

1. オレンジは縦に4等分して皮をむき、実を端から5mm厚さに切る（a）。ボウルに入れ、いちご、Aも加えて混ぜ合わせ（b）、洗双糖が溶けるまでマリネする。
2. 鍋に1を入れ、中火にかける。絶えずふつふつした火加減にし、あくを取りながら少しとろみが出てオレンジの皮がやわらかくなるまで煮る（c）。火を止めて粗熱が取れたらミントを加え、さっと混ぜ合わせる。

青梅と実山椒のジャム

青梅の酸味と実山椒のピリッと辛く
さわやかな風味は、肉や魚料理にもよく合います。

|材料| 作りやすい分量（でき上がり量約310g）

青梅（よく洗ってへたを取る）… 500g
実山椒（硬い軸を外す）… 25g
洗双糖 … 100g（青梅の重量の20%）

1. 実山椒はたっぷりの湯でやわらかくつぶれる程度になるまでゆで、水にさらす。
2. 青梅を鍋に入れて水をひたひたになるまで注ぎ、中火にかける。沸いたら弱火にし、梅の皮が破れてきたら火からおろし、静かに水に入れてさらす（a）。
3. 青梅が冷めたら鍋に入れ、ひたひたの水を注ぎ、再度2の工程を繰り返す。水を捨て、洗双糖を入れ、弱火にかける。木べらで青梅をつぶしながら種を取り除き、実山椒を加える（b）。つやが出てとろみがついたら火を止める。

完熟梅とはちみつのジャム

砂糖ではなくはちみつを合わせることで、完熟梅の自然な甘さを生かしたジャムに。あくの少ない完熟梅ですが、ゆでた後に苦みが残るようなら少し水にさらして。

材料 作りやすい分量（でき上がり量約340g）
完熟の黄色い梅（傷がないもの）… 500g
はちみつ … 150g（梅の重量の30％）

1. 完熟梅はよく洗い、へたを取って、鍋に入れ、水をひたひたになるまで注ぎ、中火にかける。沸いたら弱火にし、梅の皮が破れてきたら（a）火からおろし、ざるにあける。
2. 鍋に1を戻し入れ、はちみつを加えて中火にかける。沸いたら弱火にし、木べらでつぶしながら種を取り除く（b）。つやが出てとろみがついてきたら火を止める。

memo 取り除いた種はしょうゆにつけておくと梅の香りがほんのり移って、さわやかな風味のしょうゆに。冷ややっこや焼き魚などにかけたり、ドレッシングに混ぜたりしても。

びわとパッションフルーツのジャム

びわの食感を生かしながら、パッションフルーツの酸味ととろみを合わせて個性的に。

材料 作りやすい分量（でき上がり量約400g）
びわ（半分に切って、種を取り、皮をむいて4等分にする）… 400g
パッションフルーツ（半分に切り、スプーンで果肉と種を取り出す）… 2個
A ┌ レモン汁 … 大さじ2
　├ 白ワイン … 大さじ1
　└ 洗双糖 … 60g（びわの重量の15％）

1. ボウルにびわとパッションフルーツの中身、Aを入れて（a）、混ぜ合わせたら（b）鍋に入れ、すぐに中火にかける。沸いたら火を少し弱め、つやが出て少しとろみが出るまで煮る。

ラズベリーとルバーブ、アールグレイのジャム

アールグレイの茶葉をそのまま加えて煮込みます。
豊潤で華やかな香りが楽しめます。

|材料| 作りやすい分量（でき上がり量約380g）
ルバーブ（1.5cm長さに切る）… 300g
ラズベリー … 150g
アールグレイの茶葉（ティーバッグ）… 2g
洗双糖 … 90g（ルバーブとラズベリーの重量の20％）

1. ルバーブ、ラズベリー、洗双糖を鍋に入れて混ぜ合わせ、洗双糖が溶けるまでマリネする（a）。
2. アールグレイの茶葉を加え（b）、中火にかける。沸いたら火を少し弱め、つやが出て少しとろみが出るまで煮る。

ベイクドアプリコットジャム

生の杏と、香ばしく焼いて余分な水分を飛ばした
杏をミックスして濃厚に。

|材料| 作りやすい分量（でき上がり量約337g）
杏（半分に切って、種を取る）… 500g
洗双糖 … 100g（杏の重量の20％）

1. 杏の半量を、さらに半分に切る（a・右）。オーブンシートを敷いた天板に並べ、100℃に温めたオーブンで30分焼く。上下を返してもう30分焼く（b）。
2. 残りの杏も、半分に切って種を取り、8等分にする（a・左）。洗双糖とともにボウルに入れ、さっと混ぜ合わせて洗双糖が溶けるまでマリネする。
3. 鍋に2を入れて中火にかけ、沸いたら火を弱め、杏の形がなくなったら1の杏を加え（c）、さっと煮込む。

ブルーベリーとシナモンと赤ワインビネガージャム

ジャムにしやすいブルーベリーですが、シナモンとビネガーを加えて奥行きのある味に。

材料 作りやすい分量（でき上がり量約300g）
ブルーベリー … 400g
シナモンスティック（2〜3本に折る）… 1本
赤ワインビネガー … 大さじ2
洗双糖 … 80g（ブルーベリーの重量の20%）

1. すべての材料をボウルに入れてよく混ぜ合わせ、洗双糖が溶けるまでマリネする（a）。
2. 鍋に1を入れ、中火にかける。沸いたら火を少し弱め、つやが出て少しとろみが出るまで煮る。

アメリカンチェリーとローズマリーのジャム

チェリーが煮くずれしないよう一度取り出して、シロップのみを煮詰めます。

材料 作りやすい分量（でき上がり量約350g）
アメリカンチェリー（半分に切って、種を取る）… 400g
A ┌ 洗双糖 … 80g（アメリカンチェリーの重量の20%）
　├ ローズマリー … 1枝
　├ 白ワイン … 大さじ2
　└ レモン汁 … 大さじ1
こしょう … 適量

1. アメリカンチェリーとAはボウルに入れ、さっと混ぜ合わせ、洗双糖が溶けるまでマリネする（a）。種は捨てずにお茶パックやガーゼでくるんでおく。
2. 鍋に1を入れ、中火にかける。絶えずふつふつした火加減にし、あくを取り除く。
3. チェリーの形がくずれる前に、チェリーと種を取り出す（b）。
4. 3のシロップを少しとろみがつくまで煮詰め、チェリーを戻し入れて、さっと混ぜ合わせる（c）。最後にこしょうを加えて混ぜる。

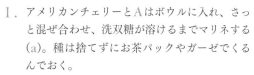

プラムと新しょうがのジャム

鮮やかなプラムのジャムはおろした新しょうがを
たっぷり入れた、ぴりっとさわやかな味。

|材料| 作りやすい分量（でき上がり量約400g）

プラム（大石プラム、またはソルダム）… 500g
新しょうが（すりおろす）… 小さじ2〜3
洗双糖 … 100g（プラムの重量の20％）

1. プラムは半分に切って種を取り、約2cm角に切る。
2. 鍋に1、洗双糖を入れ、さっと混ぜ合わせて（a）、中火にかける。沸いたら少し火を弱め、あくを取りながら、プラムの形がなくなり少しとろみがつくまで煮る。新しょうがを加えて（b）混ぜ合わせ、1分ほど煮る。

プラムと桃のジャム

プラムも桃も短い旬の時期を逃さずジャムを
作りたい。桃はあとから加えて食感を楽しんで。

|材料| 作りやすい分量（でき上がり量約500g）

プラム … 4個（200g）
桃 … 2個（400g）
洗双糖 … 120g（果物の重量の20％）

1. プラムは半分に切って種を取り、2cm角に切る（a）。桃は皮をむき、半分に切って種を取り、3cm角に切る（b）。
2. 鍋にプラム、洗双糖を入れ、中火にかける（c）。沸いたら少し火を弱める（d）。あくを取りながら10分ほど煮て、プラムの形がなくなってきたら桃を加え（e）、少しとろみがついてやわらかくなるまで煮る（f）。

memo
変色しやすい果物は、マリネせずにすぐ煮ます。

桃とバジルのジャム

やさしい甘さの桃には、レモンの酸味やバジルのスキッとした風味を合わせアクセントに。

|材料| 作りやすい分量（でき上がり量約400g）

桃 … 3個（600g）
バジルの葉 … 10枚
はちみつ … 90g（桃の重量の15％）
白ワイン … 大さじ1
レモン汁 … 大さじ2

1. 桃は皮をむき、半分に切って種を取り、3cm角に切る。
2. 鍋にバジル以外の材料を入れて（a）、中火にかける。
3. 桃がやわらかくなり少しとろみがついたら、バジルをちぎりながら入れ、さっと混ぜる（b）。

パイナップルとミントのジャム

沖縄や台湾など産地もさまざまなパイン。ミントとレモンを加えて味を引き締めて。

|材料| 作りやすい分量（でき上がり量約430g）

パイナップル（皮をむいて芯を取り、5mm厚さのいちょう切りにする）… 1個（正味500g）
スペアミント … 20枚
洗双糖 … 75g（パイナップルの重量の15％）
レモン汁 … 大さじ2

1. スペアミント以外の材料を混ぜ合わせて、洗双糖が溶けるまでマリネする。
2. 鍋に1を入れて中火にかけ、沸いたら火を少し弱め、あくを取りながら煮込む。パイナップルの角が丸くなってきたら木べらで粗めにつぶし、少しとろみがついたら火を止める。粗熱が取れたらミントをちぎりながら加えて（a）混ぜ合わせる。

和梨とすだちのジャム

甘い和梨には酸味の強いすだちの果汁と皮を加えて。和梨のシャキシャキとした食感を楽しんで。

|材料| 作りやすい分量（でき上がり量約500g）

和梨（幸水、または20世紀梨）… 2個（約800g）
すだち（半分に切って果汁をしぼる。
　皮はすりおろす）… 6個
A ┌ 白ワイン … 大さじ2
　 └ 洗双糖 … 120g（和梨の重量の15％）

1. 和梨は4等分に切って、種と芯を取り、皮をむいて、3mm厚さの薄切りにする（a）。すだちの果汁（b）、Aを加えて混ぜ合わせ（c）、洗双糖が溶けるまでマリネする。
2. 鍋に1を入れて（d）中火にかける。沸いたら火を少し弱め、あくを取りながら煮る（e）。和梨に火が通り、透き通って少しとろっとしてきたら火を止める。粗熱が取れたらすだちの皮を加える（f）。

マンゴーとライムのジャム

甘みととろみが強いマンゴーはさっと火を加えるだけでジャムに。ライム果汁をたっぷりと。

|材料| 作りやすい分量（でき上がり量約270g）

アップルマンゴー … 1個（350g）
ライムの果汁 … 2個分
洗双糖 … 70g（マンゴーの重量の20％）

1. マンゴーは縦3等分に切って種を取り、1.5cm幅の斜め格子状に切り込みを入れてカットし（a）、皮は取り除く。ライムの果汁と洗双糖を加えて混ぜ合わせ、洗双糖が溶けるまでマリネする。
2. 鍋に1を入れて中火にかけ、沸いたら火を少し弱め、あくを取りながらとろみがつくまで煮る。

いちじくとラムのジャム

まろやかな風味のいちじくをラム酒で香りづけして、
デザートのようなジャムに。

材料 作りやすい分量（でき上がり量約350g）
いちじく（一口大に切る）… 500g
はちみつ … 50g（いちじくの重量の10％）
洗双糖 … 25g（いちじくの重量の5％）
レモン汁 … 大さじ3
ラム酒 … 大さじ1

1. ラム酒以外の材料を混ぜ合わせ（a）、洗双糖が溶けるまでマリネする。
2. 鍋に1を入れて中火にかける。沸いたら火を少し弱め、あくを取りながら少しとろみがつくまで煮る。ラム酒を加え、混ぜ合わせて火を止める。

プルーンといちじくのジャム

酸味のある生のプルーンと甘みととろみのある
いちじくは、料理にもお菓子にも
バランスのいい組み合わせ。

材料 作りやすい分量（でき上がり量約380g）
プルーン … 300g
いちじく（一口大に切る）… 200g
赤ワインビネガー … 大さじ1
洗双糖 … 100g（果物の重量の20％）

1. プルーンは種を取り、一口大に切る。
2. すべての材料を混ぜ合わせて（a）、洗双糖が溶けるまでマリネする（b）。
3. 鍋に2を入れて中火にかける。沸いたら火を少し弱め、あくを取りながら、プルーンの形がなくなり少しとろみがつくまで煮る。

SPRING / SUMMER

ジャムを使った料理とお菓子

砂糖が少ないので果物のフレッシュ感や本来の味を
生かせるのもこの本のジャムのいいところ。
お菓子はもちろん、調味料として料理にも！

酢豚
p.34

⇒いちごとバルサミコのジャム

蒸し鶏ときゅうりの梅山椒ソース p.34

⇒青梅と実山椒のジャム

鶏肉の煮込み
p.35

⇒プルーンといちじくのジャム

焼肉のサルサ風ソース

p.35

⇒プラムと新しょうがのジャム

2種の梅ジャムの春巻き

p.36

⇒青梅と実山椒のジャム、完熟梅とはちみつのジャム

万願寺唐辛子の
サルシッチャ
p.37

⇒ブルーベリーとシナモンと赤ワインビネガージャム

鶏肉と夏野菜の
オーブン焼き
p.37

⇒ベイクドアプリコットジャム

酢豚

バルサミコの酸味を加えたいちごジャムは
豚肉との相性もばっちり。フルーティーな中華です。

材料 2〜3人分

豚ロース肉（とんかつ、ソテー用）… 2枚
A ┌ 塩、こしょう … 各少々
　│ 酒 … 小さじ1
　│ とき卵 … 1/2個分
　└ かたくり粉 … 適量
かたくり粉 … 大さじ2
B ┌ いちごとバルサミコのジャム（p.7）のシロップ
　│ 　… 大さじ1、いちご8個ほど
　│ 米酢 … 大さじ1
　│ しょうゆ、みりん、ごま油 … 各大さじ1/2
　└ 水 … 1/2カップ
水溶きかたくり粉 … 適量
揚げ油 … 適量

1. 豚肉は5mm間隔で格子状に浅い切り込みを入れて一口大に切り、ボウルに入れ、Aを上から順に、その都度混ぜ合わせながら加えて10分おく。
2. 1にかたくり粉をまぶし、180℃に温めた油で火が通るまで3分揚げる（a）。
3. フライパンにBを入れ（b）、中火にかける。ふつふつ沸いてきたら水溶きかたくり粉を加えてとろみをつけ、2を加え、さっとあえる。

蒸し鶏ときゅうりの梅山椒ソース

青々とした梅と実山椒のジャムが入った
さわやかなたれ。冷たい麺や冷ややっこなどにも。

材料 2〜3人分

鶏胸肉 … 1枚
きゅうり（千切り）… 1本
塩麹 … 大さじ1/2
香味野菜（長ねぎの青い部分、しょうがの薄切りなど）
　… 適量
A ┌ 青梅と実山椒のジャム（p.8）… 大さじ2 1/2
　│ ごま油 … 大さじ1
　│ しょうゆ、米酢 … 各小さじ1
　└ 作り方1の蒸し汁 … 適量

1. 鶏胸肉は厚みが均一になるように切り込みを入れ、塩麹を揉み込んで15分おく。器に香味野菜とともにのせ、蒸気の上がった蒸し器で火が通るまで8分蒸し（a）、粗熱が取れたら冷蔵庫で冷やす。
2. 1の蒸し鶏を薄切りにし、器にきゅうりとともに盛り、混ぜ合わせたAをかける。

焼いた鶏もも肉を、果物の酸味と甘みを生かした
ソースで煮込んでごちそうの一皿に。

材料 2人分

鶏もも肉 … 1枚
いんげん … 10本
プルーンといちじくのジャム(p.17) … 大さじ3
オリーブ油 … 適量
塩、こしょう … 各少々
イタリアンパセリ … 適量

1. 鶏肉は余分な脂を取り除き、半分に切って塩、こしょうをふり15分おく。出た水分をキッチンペーパーで軽く押さえる。
2. 中火で熱したフライパンにオリーブ油をひき、鶏肉を皮目を下にして焼く。焼き色がついたら、いんげん、プルーンといちじくのジャム、水1カップを加え、ふたをして汁気が少なくなるまで煮込む。
3. 器に盛り、イタリアンパセリをのせ、オリーブ油を回しかける。

memo
他のジャムで作るなら、甘夏のビターマーマレード(p.7)、青梅と実山椒のジャム(p.8)、完熟梅とはちみつのジャム(p.8)、ベイクドアプリコットジャム(p.11)、黒ぶどうのジャム(p.57)もおすすめです。

鶏肉の煮込み

しょうが風味のプラムのジャムに玉ねぎや
香菜を加えて作るエスニックなソース。

材料 2人分

焼肉用の牛肉（カルビ、ロース、タン、もも肉など）
　… 200g
塩、こしょう … 各少々
A ┌ プラムと新しょうがのジャム(p.12)
　│　　… 大さじ2〜3
　│ パプリカ（粗いみじん切り）… 1/4個
　│ 紫玉ねぎ（粗いみじん切り）… 1/4個
　└ 香菜（粗いみじん切り）… 適量

1. Aは混ぜ合わせておく。
2. 肉に塩、こしょうをふり、鉄板またはフライパンで好みの火の通し方で焼く。器に盛り、1をかけて食べる。

memo
他のジャムで作るなら、青梅と実山椒のジャム(p.8)、完熟梅とはちみつのジャム(p.8)、ベイクドアプリコットジャム(p.11)、マンゴーとライムのジャム(p.14)もおすすめです。

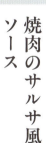

焼肉のサルサ風ソース

2種の梅ジャムの春巻き

梅のジャムをたれのようにあじやベビーコーンなどの具材と合わせて揚げた春巻きです。

[材料]

[あじの春巻き] 2本分
あじ(3枚おろし・一口大に切る) … 中1尾分
なす(あれば水なす。皮をむき、薄いいちょう切りにする)
　… 1/2個
大葉(半分に切る) … 2枚
青梅と実山椒のジャム(p.8) … 小さじ2
塩 … 適量
春巻きの皮 … 2枚
水溶き薄力粉 … 適量
揚げ油 … 適量

[ベビーコーンの春巻き] 2本分
ベビーコーン(皮をむく。身は長さ1cm、
　ひげは食べやすい長さに切る) … 2本
完熟梅とはちみつのジャム(p.8) … 小さじ2弱
こしょう … 適量
春巻きの皮 … 2枚
水溶き薄力粉 … 適量
揚げ油 … 適量

[あじの春巻き]

1. あじとなすに青梅と実山椒のジャムと塩を加えて、よくあえる。
2. 春巻きの皮に大葉をのせ、その上に1をのせて巻き(a)、水溶き薄力粉でとめる。

[ベビーコーンの春巻き]

3. ベビーコーンを春巻きの皮にのせ、完熟梅とはちみつのジャムをかけて、こしょうをふる(b)。春巻きの皮を巻き、水溶き薄力粉でとめる。

4. 2、3を170〜180℃に温めた油に入れ、中に火が通るまで5分揚げる。仕上げに好みで塩をふる。

36　SPRING / SUMMER

万願寺唐辛子のサルシッチャ

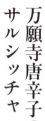

ハーブやチリが効いた肉だねを詰めて焼いた
万願寺唐辛子に、ブルーベリージャムのソースを。

材料 2人分

万願寺唐辛子(大きめのもの) … 3〜4本
薄力粉 … 適量
オリーブ油 … 大さじ1
A ┌ 豚ひき肉(粗挽き) … 100g
  │ 卵 … 1/2個
  │ 塩 … ひとつまみ
  │ ローズマリーのみじん切り … 小さじ1/2
  │ チリパウダー … 小さじ1/2
  └ こしょう … 少々
B ┌ ブルーベリーとシナモンと
  │   赤ワインビネガージャム(p.11) … 大さじ2
  │ 白ワインビネガー … 大さじ1/2
  └ 塩、こしょう … 各少々

1. Aの材料すべてをボウルに入れ、よく練る。
2. 万願寺唐辛子を縦半分に切り、薄力粉をまぶし、1を詰める。
3. フライパンを中火で熱し、オリーブ油をひき、2を肉側を下にして焼く。焼き色がついたら上下を返し、ふたをして2分蒸し焼きにする。
4. 器に盛り、混ぜ合わせたBをかける(a)。

a

鶏肉と夏野菜のオーブン焼き

手羽先、とうもろこしなどの野菜をジャムベースの
甘辛のたれとあえてから香ばしく焼いて。

材料 2人分

手羽先 … 4本
とうもろこし(縦半分に切り、さらに4等分に切る)
    … 1/2本
ズッキーニ(3cm厚さの輪切り) … 1/2本
塩、こしょう … 各適量
A ┌ ベイクドアプリコットジャム(p.11) … 大さじ2
  │ 白ワイン … 大さじ1
  │ しょうゆ … 大さじ1/2
  └ オリーブ油 … 大さじ1/2

1. 手羽先は、塩、こしょうをふる。
2. ボウルまたは保存袋にAを入れ、よく混ぜ合わせてから、1、とうもろこし、ズッキーニを加えてよくあえる(a)。
3. オーブンシートを敷いた天板に2を並べ、200℃に温めたオーブンで鶏肉に火が通るまで15〜20分焼く。

memo
他のジャムで作るなら、甘夏のビターマーマレード(p.7)、レモンマーマレード(p.60)もおすすめです。

a

冷製トマトのカペッリーニ

p.42

⇒桃とバジルのジャム

マンゴードレッシングのセビーチェ
p.42

⇒マンゴーとライムのジャム

オープンサンド
ブッラータ、生ハムとチェリー
ビターマーマレードとベーコン

p.43

⇒甘夏のビターマーマレード（左）／⇒アメリカンチェリーとローズマリーのジャム（右）

プラムと桃のジャムサンド
p.43

⇒プラムと桃のジャム

冷製トマトのカペッリーニ

バジル風味の桃のジャムに完熟トマトを合わせた
デザートのように美しいカペッリーニ。

材料 1人分

桃とバジルのジャム(p.12) … 大さじ2
完熟トマト … 1個
パスタ(カペッリーニ1.4mm) … 40g
オリーブ油 … 適量
白ワインビネガー … 少々
塩、こしょう … 各少々

1. トマトは湯むきしてミキサーに入れ、なめらかになるまで攪拌する。塩、こしょう、白ワインビネガーで味をととのえ、食べる直前まで冷やしておく。
2. パスタを塩(分量外)を加えた熱湯で表示の時間ゆで、氷水でしめてから、水気をきる。
3. 器に1、2を盛り、上に桃とバジルのジャムをのせ、オリーブ油を回しかける。

マンゴードレッシングのセビーチェ

マンゴーのジャムで作るドレッシングは、
青唐辛子のみじん切りを加えてピリ辛に。

材料 1人分

鯛の刺身 … 6切れ
塩、こしょう … 各少々

[ドレッシング]
青唐辛子(みじん切り) … 1/2本
マンゴーとライムのジャム(p.14) … 大さじ1 1/2
白ワインビネガー … 大さじ1
オリーブ油 … 大さじ1
塩 … ひとつまみ

1. 刺身に塩をふり、冷蔵庫で15分ほどおく。出た水分をキッチンペーパーで軽く押さえる。
2. 器に刺身を盛り、ドレッシングの材料をよく混ぜ合わせて上からかける。こしょうをふる。

memo
他のジャムで作るなら、青梅と実山椒のジャム(p.8)、びわとパッションフルーツのジャム(p.8)、レモンマーマレード(p.60)もおすすめです。

オープンサンド
ブッラータ、生ハムとチェリー
ビターマーマレードとベーコン

[ビターマーマレードとベーコン]

ベーコンのうまみに負けないビターマーマレードの苦みと酸味の調和がおいしさの秘密。

材料 1人分
焼いたベーコン … 1枚
クレソン(食べやすい大きさに切る) … 2本
甘夏のビターマーマレード(p.7) … 大さじ1
オリーブ油 … 適量
粒マスタード … 小さじ1
パン(カンパーニュなど。トーストする) … 1枚
こしょう … 好みで少々

1. パンに粒マスタードをぬり、クレソン、ベーコン、甘夏のビターマーマレードの順にのせ、オリーブ油、好みでこしょうをふる。

[ブッラータ、生ハムとチェリー]

ブッラータのミルキーさと生ハムの塩気、チェリーの自然な甘みと酸味が溶け合います。

材料 1人分
アメリカンチェリーとローズマリーのジャム(p.11)
　… 大さじ1
生ハム … 1枚
ブッラータ … 適量
パン(カンパーニュなど。トーストする) … 1枚
オリーブ油 … 適量
こしょう … 好みで少々

1. パンにオリーブ油をぬり、ちぎったブッラータ、生ハム、アメリカンチェリーとローズマリーのジャムの順にのせ、オリーブ油をかけて、好みでこしょうをふる。

プラムと桃のジャムサンド

よく作るジャムサンド。桃の甘さとプラムの酸味がマスカルポーネとよく合います。

材料 1人分
食パン(8枚切り) … 2枚
プラムと桃のジャム(p.12) … 大さじ1½
マスカルポーネチーズ … 大さじ1½

a

1. 食パン1枚にマスカルポーネチーズを中心が多めになるようにのせる。その上にプラムと桃のジャムも中心を多めにしてのせる(a)。
2. もう1枚の食パンではさみ、ラップフィルムでくるみ、なじむまで5分ほどおき、耳を切ってから、4等分になるように対角線で切る。

memo
他のジャムで作るなら、甘夏のビターマーマレード(p.7)、いちごとバルサミコのジャム(p.7)、完熟梅とはちみつのジャム(p.8)、びわとパッションフルーツのジャム(p.8)、ベイクドアプリコットジャム(p.11)、マンゴーとライムのジャム(p.14)、完熟柿とみかんのジャム(p.57)、洋梨とバニラのジャム(p.57)、ハニーアップルジャム(p.58)もおすすめです。

イートンメス

p.48

⇒いちごとオレンジとミントのジャム

44　SPRING / SUMMER

ジャムサンドスコーン

p.48

⇒ラズベリーとルバーブ、アールグレイのジャム

ビターマーマレード
ブランデーケーキ
p.49

⇒甘夏のビターマーマレード

レアチーズと
レアチーズブリュレ

p.49

⇒びわとパッションフルーツのジャム

47

イートンメス

英国の定番デザート。さくさくのメレンゲを砕いてジャム、生クリームとよく混ぜ合わせて。

[材料] 1人分

いちごとオレンジとミントのジャム(p.7)
　… 大さじ2〜3
泡立てた生クリーム … 大さじ2〜3
メレンゲクッキー … 2個(右記参照)

1. 器にいちごとオレンジとミントのジャム、生クリーム、メレンゲクッキーを盛りつけ、メレンゲクッキーを砕いてよく混ぜ合わせて食べる。

memo
他のジャムで作るなら、いちごとバルサミコのジャム(p.7)もおすすめです。

メレンゲクッキー

[材料] 作りやすい分量(8個分)

冷えた卵白 … 1個分
粉糖 … 30g
コーンスターチ … 20g
ストロベリーパウダー … 少々

1. ボウルに卵白を入れ、ハンドミキサーで泡立てる。少し泡立ったら粉糖を3回に分けて加え、ピンと角が立つかたさにする。
2. コーンスターチを加え、ゴムべらでよく混ぜ合わせ、絞り袋に入れる。
3. オーブンシートを敷いた天板に2を8個絞り出し、100℃に温めたオーブンでカリッとするまで80分ほど焼く。ストロベリーパウダーをふる。

ジャムサンドスコーン

はさむジャムによってバリエーションが広がるスコーンは、さっと作れて成型も簡単。

[材料] 6個分

ラズベリーとルバーブ、
　アールグレイのジャム(p.11) … 大さじ2
バター(1cm角に切る) … 25g
A ┌ 薄力粉 … 100g
　├ 全粒粉 … 20g
　├ 洗双糖 … 15g
　└ ベーキングパウダー … 小さじ1½
B ┌ 卵 … ½個
　└ プレーンヨーグルト … 70mℓ
洗双糖 … 10g

1. Aとバターをフードプロセッサーに入れ、さらさらになるまで攪拌する。
2. ボウルに1を移し入れ、混ぜ合わせたBを加え、ひとまとまりにする。2等分し、それぞれ丸めて、麺棒で1cmの厚みに伸ばす。ラズベリーとルバーブのジャムを中心に多めにのせ、もう1枚を重ねて丸く形を整え、洗双糖をふり6等分に切る。
3. 180℃に温めたオーブンで18〜20分焼く。

memo
他のジャムで作るなら、甘夏のビターマーマレード(p.7)、完熟梅とはちみつのジャム(p.8)、ベイクドアプリコットジャム(p.11)、スパイスと赤ワインのアップルジャム(p.58)、レモンマーマレード(p.60)、金柑とルイボスティーのジャム(p.60)もおすすめです。

ビターマーマレードブランデーケーキ

甘夏のビターマーマレードの苦みと香ばしさが味わえるケーキはジューシーで甘さ控えめ。他の柑橘ジャムでも同様に作れます。

材料 8.5×18×高さ6cmのパウンド型1台分
バター（室温に戻す）… 110g
きび砂糖 … 90g
アーモンドパウダー … 30g
卵 … 2個
卵黄 … 1個分
A ┌ 薄力粉 … 110g
  │ ベーキングパウダー … 小さじ½
  └ 塩 … ひとつまみ
甘夏のビターマーマレード（p.7）… 大さじ3〜4
ブランデー … ¼カップ

1. ボウルにバター、きび砂糖を入れ、ハンドミキサーでクリーム状になるまで攪拌する。
2. 卵と卵黄をよく混ぜ合わせてときほぐし、1のボウルに少しずつ加え、その都度よく攪拌する。アーモンドパウダーを加え、さらに混ぜる。
3. 2にAを合わせてふるい入れ、ゴムべらでさっくりと混ぜ合わせる。ブランデーの半量と甘夏のビターマーマレードを加え（a）、練らないようにさっくりと混ぜ合わせる。
4. オーブンシートを敷いた型に流し入れ（b）、170℃に温めたオーブンで40〜50分焼く。
5. 熱いうちに残りのブランデーを全体にぬり、ラップフィルムでくるみ、常温で半日ほどおいて味をなじませる。

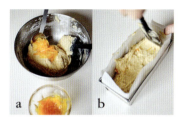

レアチーズとレアチーズブリュレ

グラスの中で簡単に作れるデザート。他にもブルーベリー、梅など酸味のあるジャムでどうぞ。

材料 グラス2個分（でき上がり量360mℓ）
びわとパッションフルーツのジャム（p.8）… 大さじ4
粉ゼラチン … 3g
A ┌ クリームチーズ … 100g
  │ ヨーグルト … 100g
  │ 生クリーム … 30mℓ
  │ きび砂糖 … 20g
  └ レモン汁 … 大さじ½

1. 熱湯50mℓに粉ゼラチンをふり入れ、溶かす。
2. 1とAをフードプロセッサーに入れ、なめらかになるまで攪拌する。
3. グラスにびわとパッションフルーツのジャム、2のレアチーズを順に入れ、最後にびわとパッションフルーツのジャムをのせる。ブリュレにする場合は、2のレアチーズをいちばん上にして、きび砂糖適量（分量外）をふり、火で炙ったスプーンの背を当てて（a）焦げ目をつける。

完熟梅のカモミールゼリー
p.54

⇒完熟梅とはちみつのジャム

いちじくのあんみつ

p.54

⇒いちじくとラムのジャム

パイナップルとヨーグルトのシャーベット
p.55

⇒パイナップルとミントのジャム

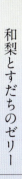
和梨とすだちのゼリー
p.55

⇒和梨とすだちのジャム

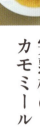

完熟梅のカモミールゼリー

ジャムと水で冷製スープ仕立てに。
相性のいいカモミールのゼリーと合わせた
初夏の一皿。

[材料] 2人分
カモミールティーの茶葉（ティーバッグ）… 2g
板ゼラチン … 2g
完熟梅とはちみつのジャム (p.8) … 大さじ4

1. 板ゼラチンは、水につけてやわらかくしておく。
2. 鍋にカモミールティーの茶葉と水1カップを入れて中火にかけ、沸いたら火を止め、5分ほど蒸らす。茶葉を取り出し、1を加え、よく混ぜ合わせて溶かす。粗熱が取れたら保存容器に移し、冷蔵庫で3時間冷やし固める。
3. 器に盛り、周りに完熟梅とはちみつのジャムに冷水180mlを混ぜ合わせたスープを注ぐ。

いちじくのあんみつ

いちじく、いちじくとラムのジャム、
あんこの味をまとめるのは、
ほうじ茶で作るシロップ。

[材料] 2人分
いちじくとラムのジャム (p.17) … 適量
こしあん … 適量
いちじく … ½個
[ほうじ茶シロップ]
　濃いめに淹れたほうじ茶 … 150ml
　洗双糖 … 大さじ1

水寒天（作りやすい分量／約4人分）
　粉寒天 … 1g

1. 水寒天を作る。鍋に粉寒天と水2カップを入れ、よく混ぜ合わせて中火にかける。沸いたら火を少し弱め、2分ほど煮る。バットや型に流し入れて粗熱が取れたら、冷蔵庫で冷やし固める。
2. ほうじ茶シロップの材料をよく混ぜ合わせ冷やしておく。
3. 1を2cm角に切って器に盛り、こしあん、いちじくとラムのジャム、カットしたいちじくを盛り(a)、2をかける。

a

54　SPRING / SUMMER

パイナップルとヨーグルトのシャーベット

ジャムとヨーグルトをミキサーで混ぜて凍らせるだけ。軽やかな食感で後味もさわやか。

[材料] 3〜4人分
パイナップルとミントのジャム(p.14) … 200g
プレーンヨーグルト … 100g
トッピング用のパイナップルとミントのジャム
　… 適量

1. パイナップルとミントのジャムとプレーンヨーグルトをミキサーにかけ、なめらかになるまで撹拌し、バットまたは保存袋に入れて冷凍庫で凍らせる。
2. 食べる直前にフォークやスプーンでひっかいて(a)器に盛る。トッピング用のパイナップルとミントのジャムを添える。

memo
他のジャムで作るなら、甘夏のビターマーマレード(p.7)、いちごとバルサミコのジャム(p.7)、いちごとオレンジとミントのジャム(p.7)、完熟梅とはちみつのジャム(p.8)、びわとパッションフルーツのジャム(p.8)、プラムと桃のジャム(p.12)、キウイと白ワインのジャム(p.58)、レモンマーマレード(p.60)、柚子の生ジャム(p.60)もおすすめです。

和梨とすだちのゼリー

和梨のごろっとした果肉の食感を楽しむコンポートのようなジャムだからこそできる、フルーティーなグラスデザートです。
水を白ワインに変えてもおいしい。

[材料] グラス2個分(でき上がり量200mℓ)
和梨とすだちのジャム(p.14) … 50g
板ゼラチン … 2g

1. 鍋に水1カップと板ゼラチンを入れ、ゼラチンがやわらかくなるまでおく。
2. 中火にかけ、ゼラチンが溶けたら火からおろす。粗熱が取れたらグラスに注ぎ、冷蔵庫で少しとろっとするまで冷やす。
3. 和梨とすだちのジャムをグラスに静かに加え(a)、冷蔵庫で冷やし固める。

AUTUMN / WINTER

実りの秋には、香りのいいぶどうやりんご、洋梨、
そして完熟の柿がおすすめです。
寒くなってきたら、柑橘の季節が到来！
香りと酸味がたまらない金柑、柚子、レモンで。

洋梨とバニラのジャム
p.62

完熟柿とみかんのジャム
p.62

黒ぶどうのジャム
p.63

レモンマーマレード p.65

金柑とルイボスティーの
ジャム p.66

柚子の生ジャム p.66

洋梨とバニラのジャム

やわらかく香りがたった洋梨に、バニラの甘み、白ワインの風味を加え贅沢な味に。

材料 作りやすい分量（でき上がり量約350g）
洋梨（やわらかめ）… 2個（600g）
バニラビーンズ（縦半分に切り、種子を取り出す。さやも使う）… 1/2本
洗双糖 … 120g（洋梨の重量の20%）
白ワイン、レモン汁 … 各大さじ2

1. 洋梨は4等分に切り、皮をむき、芯と種を取って2cm角に切る（a）。
2. ボウルにすべての材料を混ぜ合わせ、洗双糖が溶けるまでマリネする。
3. 鍋に2を入れて中火にかけ、沸いたら少し火を弱め、あくを取りながら煮る。洋梨が透き通ってやわらかくなったら、木べらで少しつぶしながらとろみがつくまで煮る。

完熟柿とみかんのジャム

柿をジャムにするなら完熟のもので。
とろりとして甘いのでみかんの酸味を加えます。

材料 作りやすい分量（でき上がり量約450g）
完熟柿 … 2個（500g）
みかん … 4個（150g）
洗双糖 … 130g（果物の重量の20%）

1. 完熟柿は半分に切り、スプーンで中身をかきだし（a）、皮と種を取って、一口大に切る。みかん2個は果汁をしぼり（b）、残りは皮をむいて筋を取り、4等分にして薄いいちょう切りにする。
2. ボウルに1と洗双糖を混ぜ合わせ（c）、洗双糖が溶けるまでマリネする。
3. 鍋に2を入れて中火にかけ、沸いたら少し火を弱め、みかんの形がなくなり少しとろみがつくまで煮る（d）。

黒ぶどうのジャム

香り高く、酸味と甘みのバランスがとれた
黒ぶどうは、粒感を残しつつジューシーに。

材料 作りやすい分量（でき上がり量約380g）
黒ぶどう（ピオーネや巨峰など）… 1房（600g）
洗双糖 … 120g（ぶどうの重量の20%）
赤ワインビネガー … 大さじ2

1. ボウルに熱湯を入れ、黒ぶどうを入れて1分ほどおいてから皮をむく(a)。皮はお茶パックやガーゼでくるむ。
2. 1の黒ぶどうの実、皮、洗双糖、赤ワインビネガーをボウルに混ぜ合わせ、洗双糖が溶けるまでマリネする。
3. 鍋に2を入れて(b)中火にかけ、沸いたら少し火を弱め、あくを取りながら、ぶどうが透き通って少しとろみが出るまで煮る(c)。

キウイと白ワインのジャム

さっぱりしたキウイは白ワインで風味をつけて。
甘めのゴールデンキウイで作っても。

材料 作りやすい分量（でき上がり量約380g）
グリーンキウイ … 4個（600g）
A ┌ 洗双糖 … 60g（キウイの重量の10%）
  └ 白ワインビネガー … 大さじ1

1. キウイは皮をむいて、1.5cm角に切る。
2. 1、Aを混ぜ合わせ(a)、洗双糖が溶けるまでおいてマリネする。
3. 鍋に2を入れて中火にかけ、沸いたら少し火を弱めて、あくを取りながらとろっとするまで煮る(b)。

ハニーアップルジャム

糖度が少なく酸味のある青りんごのジャムは、砂糖の代わりにはちみつで甘みを。

| 材料 | 作りやすい分量（でき上がり量約420g）

青りんご（ブラムリー）… 2個（600g）
はちみつ … 120g（青りんごの重量の20%）

1. 青りんごは4等分にして皮をむき、芯を取って、2cm角に切る（a）。
2. 鍋に1、はちみつ、水1/4カップを入れ、中火にかける（b）。沸いたら火を少し弱め、あくを取りながら、りんごがやわらかくなり透き通るまで煮る（c）。

memo
ブラムリーは煮るとすぐやわらかくなる品種です。それ以外の品種で作る場合は、様子をみて水の量や煮る時間を調整してください。

スパイスと赤ワインのアップルジャム

砂糖を加えずに作るりんごのジャムは、チャツネのように肉料理や煮込み料理に添えても。

| 材料 | 作りやすい分量（でき上がり量約350g）

紅玉 … 2個（500g）
A ┌ 赤ワイン … 80mℓ
  │ シナモンスティック … 4本
  │ カルダモン … 6粒
  └ しょうが（薄切り）… 1かけ分

1. 紅玉は皮つきのまま4等分にして、芯を取り、1切れを縦に5枚くらいの薄切りにしてから1.5cm幅に切る（a）。
2. 鍋に1とAを入れ、中火にかける（b）。沸いたら火を少し弱め、りんごがやわらかくなるまで煮る。木べらで粗めにつぶし、少しとろっとするまで煮る（c）。

レモンマーマレード

白い綿の残し方で苦みが調節できるので
お好みの味に。外皮はやわらかく煮てから砂糖を。
冷めるとかたまりやすいので、ゆるめで火を止めて。

材料 作りやすい分量（でき上がり量約300g）
レモン（大）… 4個（500g）
洗双糖 … 100g（レモンの重量の20％）

1. レモンはへたを切り落とし、縦に4等分に切る。内袋に包丁で切り込みを数カ所入れて（a）果汁をしぼる。種はお茶パックやガーゼでくるむ。外皮から包丁で白い綿を切り取り（b）、外皮を2等分にして端から細切りにする（c）。鍋に外皮とたっぷりの水を入れ中火にかける（d）。
2. 沸いたら火を弱め10分ほど煮てからゆでこぼし（e）、水に30分さらしてあく抜きをする（f）。この作業を2回繰り返し、皮がやわらかくなって、あくが抜けていたら水気をきる。
3. 鍋に2と洗双糖の半量、1の種、果汁を入れひたひたにする（g）。汁気が少ないときは、追加で水を足す。中火にかけ、沸いたら火を弱め、あくを取りながら3分煮込み、残りの洗双糖を加えてゆるくとろみがついてきたら火を止める。

memo
レモンマーマレードをシンプルに味わうなら、甘くないヨーグルトと一緒にたっぷりと。レモンの代わりに、甘夏、夏みかん、文旦、伊予柑、清見などでも。

柚子の生ジャム

完熟のやわらかい柚子はペクチンが多いので
煮なくても砂糖とはちみつを混ぜればジャムに。

|材料| 作りやすい分量（でき上がり量約240g）

柚子（やわらかいもの）… 2個（200g）
A ┌ 洗双糖 … 20g（柚子の重量の10%）
　└ はちみつ … 20g（柚子の重量の10%）

1. 柚子は横半分に切って種を取り出し(a)、それぞれ縦半分に切ってから薄切りにする(b)。
2. ボウルに1とAを混ぜ合わせ、保存袋または保存容器に入れる(c)。水分が出て洗双糖が溶けてなじむまで、半日以上冷蔵庫におく。

金柑とルイボスティーのジャム

金柑とルイボスティーのほろ苦さがマッチ。
ルイボスティーをアールグレイやほうじ茶に変えても。

|材料| 作りやすい分量（でき上がり量約480g）

金柑 … 500g
A ┌ 洗双糖 … 100g（金柑の重量の20%）
　│ 白ワイン … 大さじ1
　│ レモン汁 … 大さじ2
　└ ルイボスティーの茶葉 … 小さじ1

1. 鍋に金柑とたっぷりの水を入れ中火にかける。沸いたら火を弱め、5分ゆでる(a)。
2. 1の金柑のへたを取って半分に切り、種を取り出し(b)細切りにする。内袋のかたいところは粗いみじん切りにする(c)。
3. 鍋に2、Aを入れて中火にかける(d)。沸いたら弱火にし、5分煮る。洗双糖が溶けて、とろとろ感が強くなるまで、焦げつかないようにかき混ぜながら煮る(e)。

AUTUMN / WINTER

ジャムを使った料理とお菓子

秋と冬のジャムを使ったお菓子と料理です。
特に青りんご、紅玉、柚子、金柑、レモン、
キウイなど酸味が強い果物のジャムは、
調味料として料理にも活躍すること間違いなし。

帆立とかぶとクレソンの
カルパッチョサラダ

p.74

⇒レモンマーマレード

ポークローストとジャムマスタード p.75

⇒黒ぶどうのジャム

レモンマーマレードのクリームパスタ p.75

⇒レモンマーマレード

スペアリブの煮込み

p.76

⇒金柑とルイボスティーのジャム

魚のフライ キウイのタルタルソース
p.76

⇒キウイと白ワインのジャム

ジャムトースト
アップルバタートースト
アップルカマンベールトースト

p.77

⇒ ハニーアップルジャム（左）／⇒ スパイスと赤ワインのアップルジャム（右）

白みそ柚子餅
p.77

⇒ 柚子の生ジャム

帆立とかぶとクレソンのカルパッチョサラダ

苦みと酸味の効いたレモンマーマレードのドレッシングで。白身の魚や貝によく合います。

材料 2人分

帆立（刺身用）… 3個
かぶ（小）… 1個
クレソン … 1束
レモンマーマレードドレッシング（右記参照）
　… 適量
塩 … 適量

1. 帆立は厚みを半分にし、塩をふり、15分おいて水分をキッチンペーパーで押さえる。
2. かぶは皮をむき、薄切りにする。クレソンは長さを3等分にし、茎は斜め薄切りにする。
3. ボウルに1、2を入れてさっと混ぜ合わせ、器に盛り、レモンマーマレードドレッシングをかける。

memo
他のジャムで作るなら、甘夏のビターマーマレード（p.7）、青梅と実山椒のジャム（p.8）、完熟梅とはちみつのジャム（p.8）、ベイクドアプリコットジャム（p.11）、プラムと新しょうがのジャム（p.12）、マンゴーとライムのジャム（p.14）、柚子の生ジャム（p.60）もおすすめです。

レモンマーマレードドレッシング
レモンマーマレード（p.60）大さじ1、オリーブ油大さじ1½、白ワインビネガー大さじ½、塩少々を混ぜ合わせる。

ポークローストとジャムマスタード

ジャムにマスタードを加えて作るソースは
肉料理におすすめ。ソーセージにもぴったり。

材料 4人分

ジャムマスタード（材料を混ぜ合わせる）
- 黒ぶどうのジャム（p.57）… 大さじ1
- マスタード … 大さじ1

豚肩ロース肉 … 400g
きび砂糖 … 12g（豚肉の重量の3％）
塩 … 8g（豚肉の重量の2％）
ハーブ（ローリエ6枚、ローズマリー4本）
かぼちゃ（種と皮を取り、一口大に切る）… 1/4個
塩 … ひとつまみ
オリーブ油 … 大さじ1

1. 豚肉全体にきび砂糖と塩8gをまぶして、キッチンペーパーでくるみ、ラップフィルムをして冷蔵庫に入れ、半日おく。調理をする1時間前に冷蔵庫から取り出して室温に戻す。
2. 耐熱皿にかぼちゃ、塩ひとつまみ、オリーブ油を入れ、さっと混ぜ合わせる。
3. 強火で熱したフライパンに豚肉を入れ、全面を焼き色がつくまで焼く。
4. 2の耐熱皿にハーブの半量、3の豚肉、残りのハーブの順にのせ（a）、140℃に温めたオーブンで40〜50分焼き、20分ほどオーブン内に置いておく。
5. 器に少し粗めにつぶしたかぼちゃを盛り、切り分けた4の豚肉、ジャムマスタードを盛りつける。

memo
他のジャムでジャムマスタードを作るなら、甘夏のビターマーマレード（p.7）、いちごとバルサミコのジャム（p.7）、ブルーベリーとシナモンと赤ワインビネガージャム（p.11）、アメリカンチェリーとローズマリーのジャム（p.11）、ハニーアップルジャム、スパイスと赤ワインのアップルジャム（p.58）、レモンマーマレード（p.60）もおすすめです。

a

レモンマーマレードのクリームパスタ

レモンと生クリームの組合せは相性抜群！
甘すぎないジャムならではのレモンのパスタが完成。

材料 1人分

パスタ … 60g
生クリーム … 1/2カップ
レモンマーマレード（p.60）… 大さじ1と1/2
塩 … 適量
こしょう … 少々

1. 鍋に湯2ℓを沸かし、沸いたら塩を加え、パスタをアルデンテにゆでる。
2. フライパンに生クリームを入れ、弱めの中火にかけ、少しとろみがつくまで煮詰める。ゆで上がったパスタを加え、さっと混ぜて塩少々で味をととのえる。
3. 器に盛り、レモンマーマレードをのせ、こしょうをふり、よく混ぜて食べる。

スペアリブの煮込み

金柑とルイボスティーの効果でスペアリブの脂っこさが緩和され食べやすくなります。

材料 作りやすい分量

スペアリブ … 500g
塩 … 少々
炭酸水 … 1カップ
オリーブ油 … 大さじ1
金柑とルイボスティーのジャム(p.60) … 大さじ3
しょうゆ … 大さじ1½

1. スペアリブに塩をふる。
2. 中火で熱した鍋にオリーブ油をひき、スペアリブを焼く。肉の表面に焼き色がついたら炭酸水を加え、ふたをして弱火にし、30〜40分煮込む。肉がある程度やわらかくなったら金柑とルイボスティーのジャムとしょうゆを加え(a)、照りが出るまで煮詰める。

memo
他のジャムで作るなら、甘夏のビターマーマレード(p.7)、いちごとバルサミコのジャム(p.7)、青梅と実山椒のジャム(p.8)、完熟梅とはちみつのジャム(p.8)、ベイクドアプリコットジャム(p.11)、プルーンといちじくのジャム(p.17)、柚子の生ジャム(p.60)もおすすめです。

魚のフライ キウイのタルタルソース

フライに合うタルタルソース。キウイの酸味と甘みがタルタルの味を引き締めます。

材料 2人分

たら(またはサーモン) … 2切れ
薄力粉、とき卵、パン粉(細目) … 各適量
塩、こしょう … 各少々
揚げ油 … 適量
A ┌ キウイと白ワインのジャム(p.58) … 大さじ2
　├ セロリのみじん切り … 5cm分
　├ ケイパーの塩漬け … 3粒
　└ パセリのみじん切り … 適量
B ┌ ヨーグルト … 大さじ2
　└ マヨネーズ … 大さじ1

1. 魚に塩をふって15分おき、水分をキッチンペーパーで押さえる。こしょうをふり、薄力粉、とき卵、パン粉の順につける。
2. 180℃に温めた油で、1をきつね色になるまで揚げる。
3. 器に盛り、AとBを混ぜ合わせて(a)添える。

ジャムトースト
アップルバタートースト
アップルカマンベールトースト

[アップルバタートースト]

りんごの風味が詰まったジャムで作った
アップルバターはカリッと焼いたパンにぴったり。

材料 1人分
アップルバター（下記参照）… 適量
イングリッシュマフィン … ½個
はちみつ … 好みで適量

1. イングリッシュマフィンをトースターでカリッと焼き、アップルバターをのせ、はちみつを回しかける。

[アップルカマンベールトースト]

ほんのり甘いりんごのジャムと焼いた
カマンベールチーズの甘じょっぱさを楽しんで。

材料 1人分
ハニーアップルジャム(p.58) … 適量
カマンベールチーズ … ½個
イングリッシュマフィン … ½個

1. イングリッシュマフィンにカマンベールチーズをのせ、トースターでカマンベールチーズに焼き色がつくまで焼き、ハニーアップルジャムをのせる。

アップルバター
室温に戻した有塩バター20g、スパイスと赤ワインのアップルジャム(p.58) 50gをよく混ぜ合わせる。容器に入れるかラップフィルムでくるみ、冷蔵庫で冷やす。

白みそ柚子餅

大好きな京都のあぶり餅をアレンジして、
柚子の生ジャムをのせてさっぱりと。

材料 2人分
柚子の生ジャム(p.60) … 適量
餅 … 2個
A ┌ 白みそ … 30g
　├ 洗双糖 … 大さじ1
　└ きな粉 … 小さじ1

1. 餅はトースターや焼き網で濃い焼き色になるまで焼く。
2. Aに熱湯50mlを少しずつ加え、よく混ぜ合わせて器に注ぎ、餅を入れて柚子の生ジャムをかける。

ジャムとラムレーズンバターのクレープ

p.80

⇒ 完熟柿とみかんのジャム

グラスショートケーキ

p.81

⇒ 洋梨とバニラのジャム

ジャムとラムレーズンバターのクレープ

強力粉で作る生地は一晩ねかせることで
焼いても破れにくく、もっちりとした食感に。

材料 6枚分

完熟柿とみかんのジャム(p.57) … 適量
[クレープ生地]
卵 … 1個
きび砂糖 … 大さじ1½
牛乳 … 160mℓ
強力粉 … 80g
塩 … ひとつまみ

[ラムレーズンバター]
有塩バター(室温に戻す) … 80g
レーズン … 20g
ラム酒 … 適量

1. ラムレーズンバターを作る。容器にレーズンを入れ、ラム酒をレーズンがひたひたになる程度注ぎ、半日以上つけておく。水気をきったレーズンをバターに加え、よく混ぜ合わせ、容器に入れて、冷蔵庫で冷やし固める。
2. クレープ生地を作る。ボウルに卵を割り入れて、泡立て器でほぐし、きび砂糖を入れて、すり混ぜる。
3. 2に牛乳の半量を入れてよく混ぜ、強力粉を加えさらによく混ぜる。残りの牛乳、塩を加えてよく混ぜ合わせ、ラップフィルムをして冷蔵庫で一晩ねかせる。
4. 強めの中火でよく熱したフライパンにバター(分量外)を薄くひき、生地をお玉1杯分ずつ流し入れて焼く(a)。縁が茶色く色づき、パリッとしてきたら上下を返して30秒ほど焼く。
5. 器にクレープ、完熟柿とみかんのジャム、ラムレーズンバターを盛りつける。

memo
他のジャムで作るなら、いちじくとラムのジャム(p.17)、プルーンといちじくのジャム(p.17)、洋梨とバニラのジャム(p.57)、ハニーアップルジャム(p.58)、スパイスと赤ワインのアップルジャム(p.58)もおすすめです。

甘すぎないフレッシュなジャムなので
たっぷり入れて、おもてなしにも。

グラスショートケーキ

|材料| グラス2個分
洋梨とバニラのジャム(p.57) … 160g
生クリーム … 80mℓ
きび砂糖 … 大さじ½

［スポンジ］ 18×13×高さ3cmのバット1枚分
卵（卵白と卵黄に分ける） … 1個
きび砂糖 … 30g
薄力粉 … 25g
米油 … 大さじ½

1. スポンジを作る。ボウルに卵白を入れ、ハンドミキサーの高速で泡立てる。白く泡立ってきたらきび砂糖を4回に分けて加え、その都度よく攪拌し、角が立つまで泡立てる。低速で20秒ほど攪拌し、卵黄を加えてさらに攪拌し、混ざったら薄力粉をふるい入れ、ゴムべらでさっくりと混ぜ合わせる。粉気が少し残っているところに米油を加え、混ぜ合わせる。
2. オーブンシートを敷いたバットに入れ、平らにならし空気を抜いて170℃のオーブンで12分火が通るまで焼く。
3. バットから取り出し、熱いうちにオーブンシートをはがし、ラップフィルムをして粗熱を取る。冷めたらラップフィルムを外し、グラスの口を水で湿らせてから、スポンジ生地に押し当てて型抜きする(a)。
4. ボウルに生クリーム、きび砂糖を入れて八分立てに泡立てる。
5. グラスに洋梨とバニラのジャム、3、4の順に入れる。仕上げにゴムべらでグラスの縁に沿って生クリームを平らにならし、冷蔵庫で冷やす。

memo
・生クリームはマスカルポーネに、スポンジは市販のカステラに、それぞれ替えてもOK。
・他のジャムで作るなら、いちごとバルサミコのジャム(p.7)、プラムと桃のジャム(p.12)、マンゴーとライムのジャム(p.14)、いちじくとラムのジャム(p.17)、完熟柿とみかんのジャム(p.57)、金柑とルイボスティーのジャム(p.60)もおすすめです。

a

81

Column
ジャムで簡単おやつと飲み物

ジャムさえあればあとは混ぜるだけ、
かけるだけ！

アイスクリームに

市販のアイスクリームを少しやわらかくしてからジャムをマーブル状になるように混ぜ合わせます。冷蔵庫で冷やし固めてでき上がり。

⇒プラムと新しょうがのジャム

かき氷に

好きな味のジャムをかけるだけで、果物たっぷりのおいしいかき氷に。いろいろなジャムでバリエーションを楽しんでみてください。

⇒プラムと桃のジャムとレモンマーマレード

ホット葛湯に

鍋に水で溶かした葛粉と少量のローズマリーを入れて火にかけ、透明になるまでかき混ぜながら煮ます。最後にジャムを混ぜて完成。

⇒ハニーアップルジャム

炭酸水に

ジャムを炭酸水で割っただけの簡単な飲み物ながら、果物のうまみが十分味わえます。色のきれいなジャムで作ると目でも楽しめます。

⇒ラズベリーとルバーブ、アールグレイのジャム

甘さ控えめ、少量作って食べきる
ジャムと料理とお菓子
2025年2月10日　第1刷発行

著　者　中川たま
発行者　清木孝悦
発行所　学校法人文化学園 文化出版局
　　　　〒151-8524
　　　　東京都渋谷区代々木3-22-1
　　　　電話 03-3299-2479（編集）
　　　　　　 03-3299-2540（営業）
印刷・製本所　株式会社文化カラー印刷

©Taeko Nakagawa 2025　Printed in Japan
本書の写真、カット及び内容の無断転載を禁じます。
本書のコピー、スキャン、デジタル化等の無断複製は著作権法上での例外を除き、禁じられています。
本書を代行業者等の第三者に依頼してスキャンやデジタル化することは、たとえ個人や家庭内での利用でも著作権法違反になります。

文化出版局のホームページ
https://books.bunka.ac.jp/

Staff

デザイン　福間優子
撮影　　　宮濱祐美子
校閲　　　武 由記子
編集　　　鈴木百合子（文化出版局）

中川たま

料理研究家。兵庫県生まれ。アパレル勤務を経て、自然食料品店勤務の後、2004年ケータリングユニット「にぎにぎ」をスタートさせ、2008年に独立。現在は神奈川県・逗子にて夫と娘の3人暮らし。月に数回、自宅にて季節の野菜や果物を大切にした料理教室を開催。雑誌や書籍での、シンプルな器使いや洗練されたスタイリングも人気。
『いも くり なんきん、ときどきあんこ』、『刺身や切り身、柵で手軽に　たまさんと魚料理』（共に文化出版局）、『たまさんの食べられる庭　自然に育てて、まるごと楽しむ』（家の光協会）、など著書多数。

インスタグラム
https://www.instagram.com/tamanakagawa/